Via-Sacra
da Mãe Natureza

Pe. FERDINANDO MANCILIO, C.Ss.R.

Via-Sacra da Mãe Natureza

Editora
SANTUÁRIO

Direção Editorial:	Pe. Fábio Evaristo R. Silva, C.Ss.R.
Coordenação Editorial e Revisão:	Ana Lúcia de Castro Leite
Copidesque:	Luana Galvão
Arte e Capa:	Maurício Pereira

Textos bíblicos extraídos da Bíblia de Aparecida, Editora Santuário, 2006.

ISBN 978-85-369-0480-1

1ª impressão

Todos os direitos reservados à EDITORA SANTUÁRIO – 2017

Rua Pe. Claro Monteiro, 342 – 12570-000 – Aparecida-SP
Tel: 12 3104-2000 – Televendas: 0800 - 16 00 04
www.editorasantuario.com.br
vendas@editorasantuario.com.br

Introdução

Ao rezarmos esta *"Via-Sacra da Mãe Natureza"*, buscamos escutar o grito e os gemidos de nossa irmã Terra, como tão bem e formosamente fez São Francisco de Assis. Ela está ferida por causa de um desenvolvimento não sustentável, da ganância e da dominação de um falso progresso. Tudo isso porque, muitas vezes, reside no coração humano um olhar para si mesmo e não para seu irmão. Dizemos: "Importa a mim e não aos outros". Isso contraria o plano divino da criação e da comunhão.

Jesus fez novas todas as coisas com sua morte e ressurreição, com sua Palavra redentora, mas não nos tirou a responsabilidade de cuidar de nossa casa comum. A Mãe Terra nos perdoa, mesmo sentindo a dor das feridas que lhe causamos. Ela se dispõe a renovar e a recriar o que nós tantas vezes destruímos.

São Francisco de Assis queria que sempre fosse deixado, no terreno plantado, um pedaço onde nada se cultivasse, para que ali toda a natureza de Deus pudesse nascer e crescer, sem ninguém a ofender. O egoísmo é exatamente não dar espaço para ninguém, nem para a natureza, nem para o irmão. O egoísmo é terrível, destruidor, sem compaixão.

"Esquecemo-nos de que nós mesmos somos terra (Gn 2,7). Nosso corpo é constituído pelos elementos do planeta; seu ar permite-nos respirar, e sua água vivifica-nos e restaura-nos", diz-nos o papa Francisco.

Ofender a natureza é ofender a Deus Criador e seu Filho Jesus, pois é Ele o Senhor da vida, Senhor de tudo o que vive e respira e nossos olhos podem contemplar. Caminhemos, pois, com o Cristo para a vida, e junto dele encontremo-nos todos, mergulhados na vida e amando e respeitando a natureza que o Pai criou.

Oração inicial

– Em nome do Pai † e do Filho e do Espírito Santo.

– **Amém.**

– Senhor Deus, vamos percorrer com vosso Filho o caminho santo de nossa salvação. Ele é o Caminho pelo qual devemos caminhar, a Vida que devemos viver e a Verdade que deve nos acompanhar. Vós, que criastes todo o universo e o colocastes em nossas mãos, despertai povos e nações, nossa pátria e nossas Comunidades para o cuidado amoroso com a natureza, que vós fizestes. Tirai a ganância do coração humano para que todos tenham o direito de viver.

– **Amém.**

1ª Estação

Jesus é condenado à morte!

(A natureza é condenada pelo desrespeito humano às coisas criadas por Deus)

Contemplamos o Cristo que, como a natureza silenciosa, cala-se diante da agressividade humana!

– Nós vos adoramos, Senhor Jesus Cristo, e vos bendizemos:

– Porque pela vossa Santa Cruz remistes o mundo!

Do Evangelho de Marcos (*Mc 15,12-15*)

Disse Pilatos: "Que devo fazer, então, desse que chamais de rei dos judeus?" Mas eles gritaram de novo: "Crucifica-o!" Pilatos lhes disse: "Mas que mal fez ele?" Eles, porém, gritavam mais forte: "Crucifica-o!" Pilatos, querendo contentar a multidão, soltou-lhes Barrabás e, depois de fazer açoitar Jesus, entregou-o para ser crucificado.

– Dai-nos, Senhor, vossa paz.
– Hoje e sempre. Amém.

– É feliz quem respeita o Senhor, que tudo nos fez por amor.

– **Bendito seja quem respeita a natureza criada por Deus!**

– Quem ama o Senhor colherá os frutos de seu amor.

– **Bendito seja quem respeita a natureza criada por Deus!**

– Quem não é ganancioso respeita a criação de Deus.

– **Bendito seja quem respeita a natureza criada por Deus!**

– É de Deus todo louvor, a glória, a honra e toda bênção.

– **Bendito seja quem respeita a natureza criada por Deus!**

– *Pai nosso, que estais nos céus...*
– *Ave, Maria, cheia de graça...*

Cântico
Eu vim para que todos tenham vida; que todos tenham vida plenamente.

2ª Estação

Jesus toma sua cruz!

*(O mistério da força amorosa da criação de Deus
e a força gananciosa no mundo)*

Contemplamos o amor de Cristo por nós e de quem defende a natureza criada por Deus!

– Nós vos adoramos, Senhor Jesus Cristo, e vos bendizemos:

– **Porque pela vossa Santa Cruz remistes o mundo!**

Do Evangelho de João (*Jo 15,5-7*)

Disse Jesus: "Eu sou a videira e vós os ramos. Quem permanece em mim e eu nele, esse dá muitos frutos, porque sem mim nada podeis fazer. Se alguém não permanece em mim, será lançado fora como o ramo, e ele seca. Os ramos secos são recolhidos e lançados ao fogo para se queimarem. Se permanecerdes em mim, e minhas palavras permanecerem em vós, pedi o que quiserdes, e vos será feito".

– Dai-nos, Senhor, vossa paz.
– **Hoje e sempre. Amém.**

– Céus e terra, flores, campos e florestas.
– **Bendizei o Senhor, Deus Criador!**

– Chuvas e orvalhos, ventos e garoas, mares e rios.

– Bendizei o Senhor, Deus Criador!

– Águas do alto céu e dos profundos abismos dos mares.

– Bendizei o Senhor, Deus Criador!

– Homens e mulheres, crianças e jovens, e tudo o que vive e respira.

– Bendizei o Senhor, Deus Criador!

– Pai nosso, que estais nos céus...
– Ave, Maria, cheia de graça...

Cântico

A ti, meu Deus, elevo meu coração, elevo as minhas mãos, meu olhar, minha voz. A ti, meu Deus, eu quero oferecer meus passos e meu viver, meus caminhos, meu sofrer.

A tua ternura, Senhor, vem me abraçar, e a tua bondade infinita me perdoar; vou ser o teu seguidor e te dar o meu coração. Eu quero sentir o calor de tuas mãos.

3ª Estação

Jesus cai a primeira vez!

(O mistério da Páscoa de Cristo nos que labutam em favor da vida e da natureza)

Contemplemos o mistério de quem fraqueja, mas não se deixa abater pelas dificuldades na luta em favor da vida!

– Nós vos adoramos, Senhor Jesus Cristo, e vos bendizemos:

– Porque pela vossa Santa Cruz remistes o mundo!

Do Profeta Isaías *(Is 52,14-15)*

Como muitos ficaram pasmados a sua vista – por demais desfigurado para ser de homem seu aspecto, e sua forma já não era a dos filhos de Adão – assim se maravilharão dele muitas nações; diante dele os reis ficarão de boca fechada, porque verão um fato jamais contado a eles e observarão o que nunca tinham ouvido.

– Dai-nos, Senhor, vossa paz.
– Hoje e sempre. Amém.

– A natureza é um livro aberto, no qual Deus nos fala.
– Bendita seja a vida, dom de nosso Senhor!

– A natureza nos fala da bondade, da beleza e da grandeza divina.

– Bendita seja a vida, dom de nosso Senhor!

– A inteligência humana irá compreender, na formosura da flor, a beleza da eternidade.

– Bendita seja a vida, dom de nosso Senhor!

– Deixem crescer a relva e as plantas silvestres, e contemplemos nelas a bondade do Senhor.

– Bendita seja a vida, dom de nosso Senhor!

– Pai nosso, que estais nos céus...
– Ave, Maria, cheia de graça...

Cântico

A ti, meu Deus, que és bom e que tens amor ao pobre e ao sofredor, vou servir e esperar. Em ti, Senhor, humildes se alegrarão, cantando a nova canção de esperança e de paz.

A tua ternura, Senhor, vem me abraçar, e a tua bondade infinita me perdoar; vou ser o teu seguidor e te dar o meu coração. Eu quero sentir o calor de tuas mãos.

4ª Estação

Jesus encontra-se com sua mãe!

*(O mistério da Páscoa de Cristo na vida dos
que protegem nossa casa comum)*

Contemplemos a dignidade das nobres criaturas humanas que defendem a natureza, criatura de Deus!

– Nós vos adoramos, Senhor Jesus Cristo, e vos bendizemos:

– **Porque pela vossa Santa Cruz remistes o mundo!**

Do Evangelho de João *(Jo 15,9-10)*
Disse Jesus: "Como o Pai me amou, assim também vos amei. Permanecei em meu amor. Se guardais meus mandamentos, permanecereis em meu amor, assim como eu guardei os mandamentos de meu Pai e permaneço em seu amor".

– Dai-nos, Senhor, vossa paz.
– **Hoje e sempre. Amém.**

– Fazei-nos, Senhor, construtores e respeitadores da vida humana e da natureza.
– **Bendigam ao Senhor todas as criaturas!**
– Cantem os pássaros e as aves do céu o cântico da vida e da gratidão.

– **Bendigam ao Senhor todas as criaturas!**

– Descubramos a beleza do sussurrar das ondas do mar e a cantiga das cachoeiras.

– **Bendigam ao Senhor todas as criaturas!**

– Agradeçamos ao Senhor a brisa leve da manhã e a força do vento sobre os telhados.

– **Bendigam ao Senhor todas as criaturas!**

– *Pai nosso, que estais nos céus...*
– *Ave, Maria, cheia de graça...*

Cântico
Vós sois o caminho, a Verdade e a Vida, o Pão da alegria descido do céu.

Nós somos caminheiros que marcham para o céu. Jesus é o caminho, que nos conduz a Deus.

5ª Estação

Simão Cirineu ajuda a levar a cruz

(O mistério da Páscoa de Cristo na vida dos que lutam contra a indiferença e resignação acomodada)

Contemplemos a vida dos que estão incomodados e agem em favor da natureza e da dignidade dos humildes e pequenos!

– Nós vos adoramos, Senhor Jesus Cristo, e vos bendizemos:

– **Porque pela vossa Santa Cruz remistes o mundo!**

Do Evangelho de Mateus *(Mt 7,16-20)*

Disse Jesus: "Acaso se apanham uvas no meio de espinhos, ou se colhem figos de abrolhos? Assim, toda árvore boa dá bons frutos, mas a árvore má dá maus frutos. Uma árvore boa não pode dar frutos ruins, nem uma árvore ruim dar frutos bons. Toda árvore que não der fruto bom será cortada e jogada no fogo. É portanto por seus frutos que os reconhecereis".

– Dai-nos, Senhor, vossa paz.
– **Hoje e sempre. Amém.**

– Louvadas sejam, meu Senhor, todas as vossas criaturas.

– Ao Senhor glória e louvor eternamente!

– Louvado sejais, meu Senhor, pelo irmão sol, que faz o dia e nos alumia.

– Ao Senhor glória e louvor eternamente!

– Louvado sejais, meu Senhor, pelo seu calor, que faz crescer a relva e aquece o coração.

– Ao Senhor glória e louvor eternamente!

– Louvado sejais, meu Senhor, Sol verdadeiro de todo o universo e Luz da eternidade.

– Ao Senhor glória e louvor eternamente!

– Pai nosso, que estais nos céus...
– Ave, Maria, cheia de graça...

Cântico

Vós sois o caminho, a Verdade e a Vida, o Pão da alegria descido do céu.

Da noite da mentira, das trevas para a luz, busquemos a verdade, verdade é só Jesus.

6ª Estação

Verônica enxuga a face de Jesus

(O mistério da Páscoa de Cristo na vida dos que procuram não poluir a água, o ar, os rios e mares)

Contemplemos com quanto amor o Senhor nos criou e com que amor fez o universo inteiro!

– Nós vos adoramos, Senhor Jesus Cristo, e vos bendizemos:

– **Porque pela vossa Santa Cruz remistes o mundo!**

Do livro do Profeta Isaías *(Is 53,2-3)*
Ele não tem aparência nem beleza para atrair nossos olhares, nem esplendor para nos agradar. Desprezado e rejeitado por todos, homem das dores que bem conhece o sofrimento, como se escondesse de nós sua face, era desprezado e não fizemos nenhum caso dele.

– Dai-nos, Senhor, vossa paz.
– **Hoje e sempre. Amém.**

– Louvado sejais, meu Senhor, pela irmã lua e pelas estrelas,
– **Ao Pai louvor, amor e gratidão!**
– que no céu formastes claras, preciosas e belas.
– **Ao Pai louvor, amor e gratidão!**

– Louvado sejais, meu Senhor, pelo irmão vento, pelo ar, pela nuvem, pelo sereno,
– **Ao Pai louvor, amor e gratidão!**
– e todo o tempo, com o qual a vossas criaturas dais o sustento.
– **Ao Pai louvor, amor e gratidão!**
– Sede bendito, Senhor, Deus da vida, da natureza e de toda a criatura.
– **Ao Pai louvor, amor e gratidão!**

– *Pai nosso, que estais nos céus...*
– *Ave, Maria, cheia de graça...*

Cântico

Vós sois o caminho, a Verdade e a Vida, o Pão da alegria descido do céu.

Pecar é não ter vida, pecar é não ter luz; tem vida só quem segue os passos de Jesus.

7ª Estação

Jesus cai a segunda vez!

(O mistério da Páscoa de Cristo na vida dos que escutam os gemidos da Mãe-Terra)

Contemplemos o Espírito, que habita em nosso peito e nos vivifica em seu amor misericordioso!

– Nós vos adoramos, Senhor Jesus Cristo, e vos bendizemos:

– **Porque pela vossa Santa Cruz remistes o mundo!**

Do livro das Lamentações *(Lm 1,11-12)*

Todo o seu povo geme em busca de pão; dão os objetos mais preciosos em troca de comida, para manter-se com vida. "Observai, Senhor, e considerai como sou desprezada! Vós todos que passais pelo caminho olhai e vede se existe dor semelhante a minha dor, à dor que me atormenta, e com a qual o Senhor me afligiu no dia de sua ira ardente".

– Dai-nos, Senhor, vossa paz.
– **Hoje e sempre. Amém.**

– Louvado sejais, meu Senhor, pela irmã água, que é tão útil e humilde, preciosa e casta.

– **Nós vos bendizemos, Senhor!**

– Louvado sejais, meu Senhor, pelo irmão fogo, pelo qual iluminas a noite: ele é belo e alegre, vigoroso e forte.

– **Nós vos bendizemos, Senhor!**

– Louvado sejais, meu Senhor, pelos astros e pelas estrelas, que cintilam na abóboda celeste.

– **Nós vos bendizemos, Senhor!**

– Louvado sejais, meu Senhor, por todas as vossas criaturas, do céu e da terra.

– **Nós vos bendizemos, Senhor!**

– *Pai nosso, que estais nos céus...*
– *Ave, Maria, cheia de graça...*

Cântico

Vós sois o caminho, a Verdade e a Vida, o Pão da alegria descido do céu.

Jesus, Verdade e Vida, Caminho que conduz as almas peregrinas que marcham para a luz.

8ª Estação

Jesus consola as mulheres de Israel

(O mistério da Páscoa de Cristo nos que escutam os gemidos dos que reclamam de nós outro rumo)

Contemplemos todas as criaturas na face da terra e as que vivem nas águas, pois todas são do Senhor!

– Nós vos adoramos, Senhor Jesus Cristo, e vos bendizemos:

– **Porque pela vossa Santa Cruz remistes o mundo!**

Do Evangelho de Lucas (*Lc 23,27-29*)

Seguia Jesus uma grande multidão de povo e de mulheres, as quais batiam no peito e o lamentavam. Voltando-se para elas, disse Jesus: "Filhas de Jerusalém, não choreis por mim, mas chorai por vós mesmas e por vossos filhos, porque virão dias em que se há de dizer: 'Felizes as estéreis e felizes as entranhas que não geraram e os seios que não amamentaram!'".

– Dai-nos, Senhor, vossa paz.

– **Hoje e sempre. Amém.**

– Louvado sejais, meu Senhor, pela nossa irmã, a Mãe-Terra, que a tudo sustenta.

– Nós esperamos em vós!

– Louvado sejais, meu Senhor, porque a terra nos governa e produz flores, frutos e ervas.

– Nós esperamos em vós!

– Louvado sejais, meu Senhor, pela paciência que tendes conosco.

– Nós esperamos em vós!

– Louvado sejais, meu Senhor, pelos que perdoam por vosso amor.

– Nós esperamos em vós!

– Louvado sejais, meu Senhor, pelos que suportam as enfermidades e tribulações.

– Nós esperamos em vós!

– *Pai nosso, que estais nos céus...*
– *Ave, Maria, cheia de graça...*

Cântico

Os cristãos tinham tudo em comum, dividiam seus bens com alegria. Deus espera que os dons de cada um se repartam com amor no dia a dia.

Deus criou este mundo para todos. Quem tem mais é chamado a repartir com os outros o pão, a instrução e o progresso; fazer o irmão sorrir.

9ª Estação

Jesus cai a terceira vez!

(O mistério da Páscoa de Cristo na vida dos que são instrumentos do bem no planeta Terra)

Contemplemos os que são solidários com os empobrecidos pelos gananciosos e ofensores da natureza!

– Nós vos adoramos, Senhor Jesus Cristo, e vos bendizemos:

– **Porque pela vossa Santa Cruz remistes o mundo!**

Do Evangelho de João (*Jo 12,23-25*).

Jesus disse aos discípulos: "Chegou a hora de ser glorificado o Filho do homem. Na verdade, na verdade, eu vos digo: se o grão de trigo, caindo na terra, não morrer, ficará só. Mas, se morrer, dará muito fruto. Quem se apega a sua vida vai perdê-la; mas quem não se importa com sua vida neste mundo vai conservá-la para a vida eterna".

– Dai-nos, Senhor, vossa paz.

– **Hoje e sempre. Amém.**

– Louvado sejais, meu Senhor, naqueles que acolhem os feridos à beira do caminho.

– **Senhor, nós esperamos em vós!**

– Louvado sejais, meu Senhor, nos que resgatam a dignidade dos pobres e da natureza.

– **Senhor, nós esperamos em vós!**

– Louvado sejais, meu Senhor, nos que estendem as mãos para enxugar o rosto do irmão sofredor.

– **Senhor, nós esperamos em vós!**

– Louvado sejais, meu Senhor, nos que vos encontram nos pobres, nas crianças e na natureza.

– **Senhor, nós esperamos em vós!**

– Pai nosso, que estais nos céus...
– Ave, Maria, cheia de graça...

Cântico

Os cristãos tinham tudo em comum, dividiam seus bens com alegria. Deus espera que os dons de cada um se repartam com amor no dia a dia.

Mas, acima de alguém que tem riquezas, está o homem que cresce em seu valor. E, liberto, caminha para Deus, repartindo com todos o amor.

10ª Estação

Jesus é despojado de suas vestes

(O mistério da Páscoa de Cristo em quem se opõe aos grupos econômicos que arrasam as fontes da vida)

Contemplemos os que defendem o meio ambiente como o bem comum que pertence a toda a humanidade!

– Nós vos adoramos, Senhor Jesus Cristo, e vos bendizemos:

– **Porque pela vossa Santa Cruz remistes o mundo!**

Do Evangelho de João (Jo 19,23)

Depois de crucificarem Jesus, os soldados tomaram suas roupas e fizeram quatro partes, uma para cada soldado, e também a túnica. Ora, a túnica, toda tecida de alto a baixo, não tinha costura.

– Dai-nos, Senhor, vossa paz.

– **Hoje e sempre. Amém.**

– Bendito seja o Senhor, nas luzes e trevas, nos raios e nuvens.

– **A Ele glória e louvor eternamente!**

– Bendito seja o Senhor, nas ilhas e oceanos, nos montes e colinas.

– **A Ele glória e louvor eternamente!**

– Bendito seja o Senhor, nas plantas da terra, nas fontes e nascentes.

– **A Ele glória e louvor eternamente!**

– Bendito seja o Senhor, em todos os que o servem com amor.

– **A Ele glória e louvor eternamente!**

– *Pai nosso, que estais nos céus...*
– *Ave, Maria, cheia de graça...*

Cântico

Os cristãos tinham tudo em comum, dividiam seus bens com alegria. Deus espera que os dons de cada um se repartam com amor no dia a dia.

No desejo de sempre repartirmos nossos bens, elevamos nossa voz, ao trazer pão e vinho para o altar, em que Deus vai se dar a todos nós.

11ª Estação

Jesus é pregado na cruz

(O mistério da Páscoa de Cristo na vida dos que reconhecem o dom de Deus na pessoa e na natureza)

Contemplemos os que defenderam a vida dos pobres e da natureza e foram martirizados pelos que se acham senhores do mundo!

– Nós vos adoramos, Senhor Jesus Cristo, e vos bendizemos:

– **Porque pela vossa Santa Cruz remistes o mundo!**

Do Evangelho de Lucas *(Lc 23,33.49)*

Quando chegaram ao lugar chamado o Gólgota, ali o crucificaram, como também aos malfeitores, um à direita e o outro à esquerda. À distância, observando essas coisas, encontravam-se todos os conhecidos de Jesus e as mulheres que o tinham acompanhado desde a Galileia.

– Dai-nos, Senhor, vossa paz.

– **Hoje e sempre. Amém.**

– Jesus é pobre e, como pobre, doa o último bem que lhe resta: sua vida.

– **Nosso Deus é Deus de misericórdia!**

– Doa sua vida para nossa salvação.

– **Nosso Deus é Deus de misericórdia!**
– Doa sua vida para nossa Ressurreição.
– **Nosso Deus é Deus de misericórdia!**
– Só um Deus, que ama, pode agir assim.
– **Nosso Deus é Deus de misericórdia!**
– Louvado sejais, meu Senhor, nos humildes e pequenos que vos amam e vos respeitam.
– **Nosso Deus é Deus de misericórdia!**

– *Pai nosso, que estais nos céus...*
– *Ave, Maria, cheia de graça...*

Cântico
Prova de amor maior não há que doar a vida pelo irmão!

Eis que eu vos dou um novo mandamento: "Amai-vos uns aos outros como eu vos tenho amado".

12ª Estação

Jesus morre na cruz

(O mistério da Páscoa de Cristo em quem reconhece que a Terra e a natureza são dons divinos)

Contemplemos os que unidos a Cristo crucificado suportam a defesa do bem, da vida e da natureza e, assim, participam da redenção da humanidade e colaboram com ela!

– Nós vos adoramos, Senhor Jesus Cristo, e vos bendizemos:

– Porque pela vossa Santa Cruz remistes o mundo!

Do Evangelho de Marcos *(Mc 4,26-28)*
E Jesus dizia: "O Reino de Deus é como um homem que joga a semente na terra: quer durma, quer esteja acordado, de noite ou de dia, a semente germina e cresce, sem que ele saiba como. É por si mesma que a terra produz primeiro a planta, depois a espiga e, por fim, a espiga cheia de trigo".

– Dai-nos, Senhor, vossa paz.
– Hoje e sempre. Amém.

– Água bendita, humilde criatura que mata nossa sede e fecunda a terra e faz brotar a semente.

— **Bendito seja o Senhor, nosso Redentor!**

— Água bendita da chuva, que enche rios, forma mares e oceanos.

— **Bendito seja o Senhor, nosso Redentor!**

— Água bendita, que lava nossos corpos e nos refaz de nossos cansaços.

— **Bendito seja o Senhor, nosso Redentor!**

— Água bendita, que saiu do lado de Cristo, que por nós entregou sua própria vida.

— **Bendito seja o Senhor, nosso Redentor!**

— Pai nosso, que estais nos céus...
— Ave, Maria, cheia de graça...

Cântico

Prova de amor maior não há que doar a vida pelo irmão!

Vós sereis os meus amigos se seguirdes meu preceito: "Amai-vos uns aos outros como eu tenho amado".

13ª Estação

Jesus é descido da cruz

(O mistério da Páscoa de Cristo naqueles que compreendem o universo como uma linguagem do amor de Deus)

Contemplemos os que laboram a favor de uma ecologia integral, pois compreendem que ela é inseparável da vida do homem e da mulher!

– Nós vos adoramos, Senhor Jesus Cristo, e vos bendizemos:

– **Porque pela vossa Santa Cruz remistes o mundo!**

Do Evangelho de Lucas *(Lc 23,50-53)*

Um membro do Conselho, homem bom e justo, chamado José, não havia concordado com a decisão nem com os atos dos outros. Era originário de Arimateia, cidade da Judeia, e esperava o Reino de Deus. Foi ter com Pilatos e pediu o corpo de Jesus. Descendo-o da cruz, envolveu-o num lençol e o depositou num sepulcro cavado na rocha, onde ninguém tinha sido ainda colocado.

– Dai-nos, Senhor, vossa paz.

– **Hoje e sempre. Amém.**

– Águas benditas da fonte cristalina, que aos poucos é ferida pelo chamado progresso humano.

– Louvem o Senhor, Criador e Salvador!

– Flores benditas, que embelezam nossas casas e estão presentes em tantas ocasiões de nossa vida.

– Louvem o Senhor, Criador e Salvador!

– Pássaros e aves do céu e da terra, que cantam livremente em todos os cantos e recantos.

– Louvem o Senhor, Criador e Salvador!

– Peixes dos mares e rios, animais marinhos e tudo o que é vida nas águas benditas.

– Louvem o Senhor, Criador e Salvador!

– *Pai nosso, que estais nos céus...*
– *Ave, Maria, cheia de graça...*

Cântico

Prova de amor maior não há que doar a vida pelo irmão!

Como o Pai sempre me ama, assim também eu vos amei: "Amai-vos uns aos outros como eu vos tenho amado".

14ª Estação

Jesus é colocado no sepulcro

(O mistério da Páscoa de Cristo na vida dos que se dão conta do reflexo de Deus em tudo o que existe)

Contemplemos os que buscam o bem, a paz e a vida e trabalham para que todos alcancem e respeitem o bem da natureza, criada por Deus!

– Nós vos adoramos, Senhor Jesus Cristo, e vos bendizemos:

– **Porque pela vossa Santa Cruz remistes o mundo!**

Do Evangelho de João (*Jo 14,1-2a.4*)

Disse Jesus: "Não se perturbe vosso coração! Vós credes em Deus, crede em mim também! Na casa de meu Pai há muitas moradas. Vós conheceis o caminho do lugar para onde vou".

– Dai-nos, Senhor, vossa paz.
– **Hoje e sempre. Amém.**

– Ventos, que semeiam as sementes nos campos, vales e montanhas.
– **Obras do Senhor, bendizei o Senhor!**
– Ventos, que carregam a água e as nuvens e antecipam a chuva e a tempestade.
– **Obras do Senhor, bendizei o Senhor!**

– Brisa leve, que nos refaz e faz dançar a folha seca do jardim.

– **Obras do Senhor, bendizei o Senhor!**

– Bendito seja o Irmão Vento, criatura de Deus, que permanece entre nós.

– **Obras do Senhor, bendizei o Senhor!**

– *Pai nosso, que estais nos céus...*
– *Ave, Maria, cheia de graça...*

Cântico
Vitória, tu reinarás; ó cruz, tu nos salvarás.

15ª Estação

Jesus ressuscita dos mortos

(O mistério da Páscoa de Cristo na vida de todos os que renascem em seu amor)

Contemplemos a ressurreição de Cristo e de todos os que com Ele ressuscitam, pois trabalharam a favor da vida!

– Nós vos adoramos, Senhor Jesus Cristo, e vos bendizemos:

– Porque pela vossa Santa Cruz remistes o mundo!

Do Evangelho de Lucas *(Lc 24,1-6)*

No primeiro dia da semana, bem cedo, as mulheres foram ao sepulcro, levando os aromas que tinham preparado. Acharam removida a pedra que fechava o sepulcro. Entrando, não encontraram o corpo do Senhor Jesus. Enquanto estavam perplexas diante disto, apareceram diante delas dois homens com vestes resplandecentes. Cheias de medo, curvaram o rosto para o chão. Eles, porém, disseram-lhes: "Por que procurais entre os mortos aquele que está vivo? Ele não está aqui, mas ressuscitou".

– Dai-nos, Senhor, vossa paz.

– Hoje e sempre. Amém.

– Senhor, Deus e Pai, que a vida "não seja como uma mercadoria vendida nas esquinas, nas ruas e praças". Que ela seja o sonho de muitos, o sonho de todos os que esperam em vós e caminham na certeza de um dia ver todo esse povo liberto de toda a maldade, injustiça e opressão. Despertai nosso coração para que aprendamos a respeitar a natureza, fruto de vosso amor criador, e jamais a usar ou ferir em favor de nossa ganância e egoísmo. Fazei-nos um povo de ressuscitados junto com vosso Filho e nosso Senhor. Amém.

Rezemos a bela oração de São Francisco de Assis:

"Louvado sejas, meu Senhor, com todas as tuas criaturas, especialmente meu senhor irmão sol, o qual faz o dia e por ele nos alumia. E ele é belo e radiante com grande esplendor: de Ti, Altíssimo, dá-nos ele a imagem. Louvado sejas, meu Senhor, pela irmã lua e pelas estrelas, que no céu formaste claras, preciosas e belas. Louvado sejas, meu Senhor, pelo irmão vento, pelo ar, pela nuvem, pelo sereno, e por todo o tempo, com o qual a tuas criaturas dás o sustento. Louvado sejas, meu Senhor, pela irmã água, que é tão útil e humilde, preciosa e casta. Louvado sejas, meu Senhor, pelo irmão fogo, pelo qual iluminas a noite: ele é belo e alegre, vigoroso e forte".

– **Amém.**

– *Pai nosso, que estais nos céus...*
– *Ave, Maria, cheia de graça...*

Cântico

Deixa a luz do céu entrar. Deixa a luz do céu entrar. Abre bem as portas do teu coração e deixa a luz do céu entrar.

Oração cristã com a criação

(*Laudato Si'*, papa Francisco)

Nós vos louvamos, Pai, com todas as vossas criaturas, que saíram de vossa mão poderosa. São vossas e estão repletas de vossa presença e de vossa ternura. Louvado sejais!

Filho de Deus, Jesus, por vós foram criadas todas as coisas. Fostes formado no seio materno de Maria, fizestes-vos parte desta terra e contemplastes este mundo com olhos humanos. Hoje, estais vivo em cada criatura com vossa glória de ressuscitado. Louvado sejais!

Espírito Santo, que, com vossa luz, guiais este mundo para o amor do Pai e acompanhais o gemido da criação, vós viveis também em nossos corações, a fim de nos impelir para o bem. Louvado sejais!

Senhor Deus, Uno e Trino, comunidade estupenda de amor infinito, ensinai-nos a contemplar-vos na beleza do universo, onde tudo nos fala de vós. Despertai nosso louvor e nossa gratidão por cada ser que criastes. Dai-nos a graça de nos sentirmos intimamente unidos a tudo o que existe. Deus de amor, mostrai-nos nosso lugar neste mundo como instrumentos de vosso carinho por todos os seres desta terra, porque nenhum deles sequer é esquecido por vós. Iluminai os donos do poder e do dinheiro para que não caiam no pecado da indiferença, amem o bem comum, promovam os fracos e cuidem deste mundo que habitamos. Os pobres e a terra estão bradando: Senhor, tomai-nos sob vosso poder e vossa luz, para proteger cada vida, para preparar um futuro melhor, para que venha vosso Reino de justiça, paz, amor e beleza. Louvado sejais! Amém.

Maria, Mãe incomparável do Redentor

– Antes de encerrarmos este momento tão sublime da Via-Sacra, em que aprendemos que amar a natureza criada é amar o Criador, não podemos deixar de reverenciar, no amor e na fé, aquela que é a Senhora do mundo, pois é a Mãe de Cristo. Por isso, rezemos:

– Ó Senhora nossa, dos Anjos e dos Santos, Mãe escolhida do Redentor, vós caminhastes conosco e vos fazeis sempre presente, junto de nós, vossos filhos e vossas filhas. Vós nos levais para junto de Jesus, vosso Filho, pois sabeis que nele encontramos a vida, a paz e a salvação. Despertai nosso coração, em cada dia, para o amor aos irmãos e às irmãs e à natureza tão bela, nascida das mãos daquele que vos escolheu para a maternidade divina: Deus, nosso Pai. Faremos nossa parte, ó Mãe, para que a natureza não seja mais ferida, mais agredida e, no esforço comum, vamos ajudá-la a se recuperar e enfeitar nosso mundo com sua beleza e grandeza. Fortalecei, ó Mãe querida, nossa fé e nossa ação comum. Amém.

– *Salve, Rainha, Mãe de misericórdia...*

– O Senhor nos abençoe e nos guarde, fortaleça nossa fé, nossa união e nossa esperança: Em nome do Pai † e do Filho e do Espírito Santo.

– **Amém.**

– Continuemos unidos na Comunidade e na prática do bem, da caridade e do amor à natureza de Deus.

– **Amém. Assim seja.**

Índice

Introdução 5

Oração inicial 7

1ª Estação: Jesus é condenado à morte! 9

2ª Estação: Jesus toma sua cruz! 12

3ª Estação: Jesus cai a primeira vez! 15

4ª Estação: Jesus encontra-se
com sua mãe! 18

5ª Estação: Simão Cirineu ajuda
a levar a cruz 21

6ª Estação: Verônica enxuga
a face de Jesus 24

7ª Estação: Jesus cai a segunda vez! 27

8ª Estação: Jesus consola
as mulheres de Israel 30

9ª Estação: Jesus cai a terceira vez! 34

10ª Estação: Jesus é despojado
de suas vestes 37

11ª Estação: Jesus é pregado na cruz 40

12ª Estação: Jesus morre na cruz 43
13ª Estação: Jesus é descido da cruz 46
14ª Estação: Jesus é colocado
    no sepulcro 49
15ª Estação: Jesus ressuscita
    dos mortos 52
Maria, Mãe incomparável
    do Redentor...59

A marca FSC® é a garantia de que a madeira utilizada na fabricação do papel deste livro provém de florestas que foram gerenciadas de maneira ambientalmente correta, socialmente justa e economicamente viável.

Este livro foi composto com as famílias tipográficas Athelas e Pacifico e impresso em papel reciclado 75g/m² pela **Gráfica Santuário.**